PENÉLOPE MARTINS

Canção de Ninar Mamãe e Papai

Ilustrações: Ina Carolina

Ciranda Cultural

Aproxime a câmera do seu celular a esse QR Code para ouvir a *Canção de ninar mamãe e papai.*

Dados Internacionais de Catalogação na Publicação (CIP) de acordo com ISBD

M386c Martins, Penélope
Canção de ninar mamãe e papai / Penélope Martins ; ilustrado por Ina Carolina. - Jandira, SP : Ciranda Cultural, 2021.
32 p. : il. ; 24cm x 24cm.

ISBN: 978-65-5500-458-8

1. Literatura infantil. 2. Sono. 3. Cuidado. 4. Hora de dormir. I. Carolina, Ina. II. Título.

CDD 028.5
CDU 82-93

2020-1951

Elaborado por Vagner Rodolfo da Silva - CRB-8/9410
Índice para catálogo sistemático:
1. Literatura infantil 028.5
2. Literatura infantil 82-93

Ficha técnica da gravação de áudio: Aéreo Stúdio
Produção de Claudia Lima e Ski Martins
Voz da menina: Claudia Lima
Voz da mamãe: Penélope Martins
Voz do papai: Márcio Petini
Guitarras, violões e ukulele: Alex Fornari
Contrabaixo: Cláudio Rocha
Bateria e mixagem: Ski Martins

© 2021 Ciranda Cultural Editora e Distribuidora Ltda.
Texto © Penélope Martins
Ilustrações © Ina Carolina
Projeto gráfico e diagramação: Ana Dobón
Revisão: Ana Paula de Deus Uchoa
Produção: Ciranda Cultural

Este livro foi impresso em fonte Vag Rounded sobre papel couchê fosco 150g/m² [miolo] e papel-cartão triplex 250g/m² [capa] na gráfica Grafilar.

Ciranda na Escola é um selo da Ciranda Cultural.

1ª Edição em 2021
www.cirandacultural.com.br

Todos os direitos reservados. Nenhuma parte desta publicação pode ser reproduzida, arquivada em sistema de busca ou transmitida por qualquer meio, seja ele eletrônico, fotocópia, gravação ou outros, sem prévia autorização do detentor dos direitos, e não pode circular encadernada ou encapada de maneira distinta daquela em que foi publicada, ou sem que as mesmas condições sejam Impostas aos compradores subsequentes.

ELE RONCA, RONCA FEITO UM PORCO. DESSE JEITO NÃO POSSO DORMIR.

– AJEITE O COBERTOR,
DESLIGUE SEU MOTOR,
JÁ FECHEI A JANELA,
O ARMÁRIO TEM TRAMELA.

– AI, AI, PAPAI!
HÁ UM VAMPIRO AQUI DENTUÇO,
TÃO DENTUÇO QUE ME ASSUSTA!

— VIRE OTRAVESSEIRO,
ESPANTE O SEU MEDO,
AJEITE O COBERTOR,
DESLIGUE SEU MOTOR,
JÁ FECHEI A JANELA,
O ARMÁRIO TEM TRAMELA.

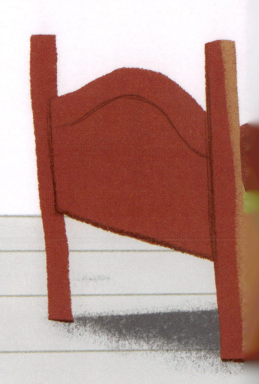

CONTROLE SUA RISADA,
JÁ É DE MADRUGADA.
O VAMPIRO JÁ NÃO ESTÁ,
AMANHÃ VOU TRABALHAR...

ELA SE AGITA E SOLTA GARGALHADAS. DESSE JEITO NÃO POSSO DORMIR.

– CONTE CARNEIRINHOS,
COM CALMA E DE MANSINHO,
VIRE O TRAVESSEIRO,
ESPANTE O SEU MEDO.

AJEITE O COBERTOR,
DESLIGUE SEU MOTOR,
JÁ FECHEI A JANELA,
O ARMÁRIO TEM TRAMELA.

CONTROLE SUA RISADA,
JÁ É DE MADRUGADA.
A BRUXA JÁ NÃO ESTÁ,
AMANHÃ VOU TRABALHAR...

– AI, AI, ALGUÉM ME ACUDA AQUI!
HÁ UM FANTASMA COM CARA DE DOENTE.

ELE CHORA, CHORA
E RANGE OS DENTES.
DESSE JEITO NÃO
POSSO DORMIR.

— PISQUE SETE VEZES,
CHEIRE O SABONETE,
CONTE CARNEIRINHOS,
COM CALMA E DE MANSINHO,
VIRE O TRAVESSEIRO,
ESPANTE O SEU MEDO.

AJEITE O COBERTOR,
DESLIGUE SEU MOTOR,
JÁ FECHEI A JANELA,
O ARMÁRIO TEM TRAMELA.

CONTROLE SUA RISADA,
JÁ É DE MADRUGADA.
O FANTASMA JÁ NÃO ESTÁ,
A BRUXA JÁ SAIU,
O VAMPIRO SE MUDOU
E O MONSTRO DORMIU.
AMANHÃ VOU TRABALHAR...

PENÉLOPE MARTINS nasceu em 1973, em Mogi das Cruzes, no estado de São Paulo. É narradora de histórias e autora de diversos livros de literatura para crianças e jovens. Formada em Direito pela Faculdade de Direito de São Bernardo do Campo, em 1997, e pós-graduada em Direitos Humanos pela PUC Campinas, em 2003, dedica-se à construção de novos leitores com projetos pessoais, como seu blogue Toda Hora Tem Histórias, e coletivos. Como narradora de histórias, integra gravações de obras de outros autores em audiolivros. Entre seus livros publicados estão *Aventuras de Pinóquio* e *Minha Vida não é Cor-de-rosa*, romance juvenil ganhador do Prêmio Biblioteca Nacional no ano de 2019.

INA CAROLINA nasceu em 1988, em Boa Vista, no estado de Roraima, e atualmente vive em São Paulo. Trabalha criando personagens para filmes de animação 3D e ilustração. Aprendeu com seu pai os fundamentos do desenho e transformou essa prática iniciada como um hobby em sua profissão. Em 2017, ganhou o Prêmio Jabuti de Melhor Livro Digital pelas imagens da obra O *Cabelo da Menina*, de Fernanda Takai, livro que integra o projeto Leia Para uma Criança, da Fundação Itaú Cultural.